Khalil Gibran
Wenn du liebst, dringst du ans Licht

Kleine spirituelle Bibliothek
Band 4

Khalil Gibran

Wenn du liebst, dringst du ans Licht

Lebensweisheiten

ausgewählt und neu aus dem
amerikanischen Englisch übersetzt
von Bernardin Schellenberger

KREUZ

Inhalt

Fern vom Leben

Wie gut ist das Leben zum Menschen!
Aber wie weit entfernt ist der Mensch vom Leben!
The Voice of the Master

Eine Nacht um die andre vergeht,
indes wir unachtsam leben.
Ein Tag um den andern begrüßt und umarmt uns.
Mit Tagen wie mit Nächten
tun wir uns immer seltsam schwer.
The Voice of the Master

Mit der Seele hat die Natur ein ganz eigenes
Element entwickelt.
Die Seele verfügt über Eigenschaften, die einzig ihr
zukommen:
Bewusstheit, Sehnsucht nach mehr von ihr selbst,
Hunger nach etwas jenseits ihrer selbst.
Diese und weitere Eigenschaften zeichnen
die Seele aus,
den Gipfel der Materie.
Beloved Prophet

Vergnügen ist ein Freiheitslied,
jedoch ist es nicht Freiheit.
Es ist die Blüte deiner Wünsche,
jedoch noch lang nicht ihre Frucht.
Es ist eine Tiefe, die nach Höhe strebt,
jedoch ist es weder Tiefe noch Höhe.
Es ist der Flügel, der dem Käfigwesen wächst,
jedoch noch nicht das Hinausschwingen
in den Raum.
Zwar ist Vergnügen tatsächlich ein Freiheitslied.
Ich hör es gern, wenn ihr es froh aus vollem
Herzen singt.
Jedoch: Verliert nicht euer ganzes Herz
an dieses Singen.
The Prophet

Tausende und Abertausende von Jahren
sind wir schon rastlose, schweifende,
sehnsuchtsvolle Kreaturen –
schon lange, ehe das Meer und der Wind im Wald
uns Worte gaben.
Sand and Foam

Für immer wandre ich an diesen Stränden,
setze die Füße zwischen Sand und Schaum.
Die Flut verwäscht all meine Tritte,
der Wind bläst spurlos fort den Schaum.
Für immer bleiben Meer und Strand.
Sand and Foam

Wir können nicht leben ohne etwas, das in unsere
Seele einen heiligen Sauerteig mengt, noch ohne
die Karawane, die uns zur Stadt Gottes führt; ja,
wir können nicht leben ohne das, was uns unser
größeres Selbst erschließt und uns offenbart,
welche Kraft, welches Geheimnis und welche
Wunder in unserer Seele stecken. Zudem sind wir
fähig, geistiges Glück in den schlichtesten
Äußerungen zu finden: In einer einfachen Blume
entdecken wir die ganze Herrlichkeit und
Schönheit des Frühlings, in den Augen eines
Säuglings die gesamte Hoffnung und Sehnsucht
der Menschheit.
Love Letters

Der Glaube ist eine Oase im Herzen,
die die Karawane des Denkens nie findet.
Sand and Foam

Wir sind alle Gefangene.
Manche von uns sitzen in Zellen mit Fenstern,
andere in Zellen ohne Fenster.
Sand and Foam

Gott hat dir einen Geist mit Schwingen geschenkt.
Du kannst dich mit ihnen ins weite Firmament
der Liebe und Freiheit erheben.
Was für ein Jammer,
dass du dir eigenhändig diese Schwingen stutzt
und deine Seele
mühsam wie ein Insekt auf der Erde kriechen lässt!
The Voice of the Master

Ein Wanderer bin ich und ein Seefahrer:
Jeden Tag entdecke ich eine neue Gegend
meiner Seele.
Sand and Foam

Das Lied in meinem Herzen

In den Tiefen meines Geistes ruht ein Lied,
das nie ein Kleid aus Worten finden wird.
Ein Korn in meinem Herzen birgt ein Lied,
das nie mit Tinte aufs Papier sich schreiben lässt.
Es umhüllt mein Fühlen wie ein feines
Spinngewebe
und kommt mir niemals flüssig auf die Zunge.
A Tear and a Smile

Die Laterne, die du trägst, ist nicht dein Eigentum.
Das Lied, das jetzt du singst, ist nicht in deinem
Herzen komponiert.
Du trägst das Licht, aber Licht bist du nicht.
Selbst wenn du eine Laute mit vielen Saiten
wärest –
der Lautenspieler bist du nicht.
Thoughts and Meditations

Unser Verstand wägt ab und misst,
doch ist's der Geist,
der an das Herz des Lebens rührt
und das Geheimnis ahnt;
und dieses Geistes Saat kennt keinen Tod.
Der Wind mag wehen und sich wieder legen,
das Meer mag wogen und sich wieder glätten –
das Herz des Lebens ist eine stille, heitre Kugel,
mit einem Stern darin,
der immerwährend seinen Lichtschein spendet.
Jesus, the Son of Man

Ich fand heraus, dass Jesus nicht ein Königreich
suchte
und uns auch nicht von den Römern befreien
wollte.
Sein Königreich war einzig das Königreich
des Herzens.
Jesus, the Son of Man

Einmal alle hundert Jahre trifft Jesus von Nazaret
den Jesus der Christen in einem Garten zwischen
den Hügeln des Libanon. Sie unterhalten sich lange.
Und jedes Mal verabschiedet sich Jesus von Nazaret
vom Jesus der Christen mit den Worten: »Ich
fürchte, mein Freund, wir werden nie und nimmer
auf einen Nenner kommen.«
Sand and Foam

Jesus wurde nicht hierher gesandt, um die
Menschen anzuleiten, mitten zwischen den kalten,
armseligen Hütten und trostlosen Verschlägen
großartige Kirchen und Tempel zu errichten … Er
kam, um das Herz des Menschen zum Tempel zu
weihen, seine Seele zum Altar und seinen Geist
zum Priester.

The Secrets of the Heart

Ein wirklich religiöser Mensch legt sich nicht auf
eine Religion fest.
Wer sich auf eine einzige Religion festlegt, hat
keine wirklich.
Spiritual Sayings

»Es gibt keinen Gott außer Allah ... es gibt nichts
außer Allah.« Du magst diese Worte sprechen und
dennoch Christ bleiben, denn ein Gott, der gut ist,
kennt keine Aufspaltungen in Worte oder Namen.
Würde ein Gott seine Segnungen denen versagen,
die auf einem anderen Weg die Ewigkeit suchen,
dann wäre er es nicht wert, von irgendeinem
Menschen verehrt zu werden.
A Treasury

Jede Lehre ist wie eine Fensterscheibe.
Wir vermögen durch sie auf die Wahrheit
zu blicken,
aber sie trennt uns zugleich von ihr.
Sand and Foam

Sage nicht: »Ich habe die Wahrheit gefunden.«
Sage lieber: »Ich habe eine Wahrheit gefunden.«
The Prophet

Wahrheit: Das ist der Wille und Zweck Gottes
im Menschen.
Früher als die Erfahrung
vermag der Glaube sie zu erkennen.
Eine Wahrheit, die des Beweises bedarf,
ist nur eine Halbwahrheit.
Spiritual Sayings

»Wer bist du?«, fragte ich leise voller Angst. Und er donnerte grimmig mit einer Stimme, die wie das Brüllen des Meeres klang: »Ich bin die Revolution, die aufbaut, was die Völker zerstören … Ich bin der Sturm, der die Jahrhunderte alten Bäume entwurzelt … Ich bin, der kam, Krieg auf Erden zu stiften, nicht Frieden, denn der Mensch begnügt sich immer nur mit dem Elend!« Tränen liefen ihm über die Wangen, als er sich hoch aufrichtete und ihn ein Lichtnebel umwob, und er streckte mir seine Arme entgegen, und ich sah die Male der Nägel in seinen Handflächen. Bebend warf ich mich vor ihm nieder und schrie laut: »Ach Jesus, der Nazarener!«
The Secrets of the Heart

Viele Male kam Christus schon zur Welt,
und viele Länder hat er schon durchwandert.
Und immer wurde er als Fremdling und Verrückter
erachtet.
Jesus, the Son of Man

Christi Tod wirkte sich auf seine Anhänger
wunderbar aus.
Der Tag wird kommen, an dem wir nur noch
die Flamme vor Augen haben –
der Fülle des Lebens, das in ihm loderte …
Christus veränderte den Geist des Menschen
und fand für ihn einen neuen Weg.
Beloved Prophet

Das Herz des Menschen schreit nach Hilfe;
des Menschen Seele fleht uns an, sie zu erlösen.
Wir aber hören ihre Schreie nicht,
weil wir sie nicht vernehmen oder nicht verstehen.
Vernimmt sie einer und versteht sie,
so heißen wir ihn töricht
und laufen schleunigst weg von ihm.
The Voice of the Master

Ich kam, ein Wort zu sagen.
Ich werde es sagen.
Sollte mich der Tod ereilen,
ehe ich es verlauten lasse,
so wird es nach mir gesprochen.
Denn was nach mir kommt,
lässt kein Geheimnis für immer ungelesen
im Buch des Unendlichen stehen.
A Tear and a Smile

Du bist ich, und ich bin du

Eine einzige Seele enthält die Hoffnungen und
Gefühle der gesamten Menschheit.
The Voice of the Master

Ist es nicht die Hand Gottes, die unsere Seelen
schon vor der Geburt eng aneinander gefügt und
uns durch alle Tage und Nächte zu Gefangenen
füreinander gemacht hat? Des Menschen Leben
fängt nicht im Mutterschoß an und hört nicht im
Grab auf; und dieses Firmament voller Mondlicht
und Sterne ist für immer von liebenden Seelen und
einsichtsvollen Geistern erfüllt.
The Broken Wings

Du bist mein Bruder, und ich schätze dich.
Ich bin dir zugetan, wenn du dich in deiner
Moschee niederwirfst,
in deiner Kirche kniest, in deiner Synagoge betest.
Du und ich, wir sind die Söhne eines Glaubens –
an den Geheimnisvollen Geist.
Alle, die zu Häuptern der vielen Zweige dieses
Glaubens eingesetzt sind –
was sind sie anderes als Finger an der Hand
einer Gottheit,
die in die Richtung der Vollendung aller in diesem
Geiste weist?
A Tear and a Smile

Ich war hier seit allem Anfang und werde bis zum Ende aller Tage sein; denn für mein Dasein gibt es nie ein Ende. Die Seele des Menschen ist nur Teil einer brennenden Fackel, die Gott bei der Schöpfung von sich selbst löste.
The Voice of the Master

Gott in seinem gnädigen Durst
trinkt uns schließlich wieder alle,
mögen wir Tautropfen sein
oder Träne.
Sand and Foam

Alles in der Schöpfung existiert in euch,
und alles in euch existiert in der Schöpfung.
Ihr rührt ohne Grenze an die allernächsten Dinge.
Keine Entfernung vermag euch von noch so Fernem
zu trennen.
Alles, vom Niedrigsten bis zum Erhabensten,
vom Kleinsten bis zum Größten,
existiert in euch gleichermaßen.
In einem einzigen Atom finden sich alle Elemente
der Erde.
Ein Wassertropfen birgt alle Geheimnisse
der Meere.
Bei einer einzigen Regung des menschlichen Geistes
werden sämtliche Daseinsgesetze in Bewegung
gesetzt.
Spiritual Sayings

Sprach ein Baum zu einem Menschen: »Ich wurzle
tief in der roten Erde, und ich will dich mit meiner
Frucht beschenken.«
Darauf der Mensch zum Baum: »Wie ähnlich wir
uns sind! Auch ich wurzle tief in dieser roten Erde.
Dir gibt die rote Erde das Vermögen, mir deine
Frucht zu schenken, mich aber lehrt sie, sie dankbar
von dir anzunehmen.«
The Wanderer

Wenn du mit deinen Zähnen krachend in einen
Apfel beißt, sprich zu ihm in deinem Herzen:
»Deine Samen werden in meinem Körper leben,
und die Knospen deines Morgen sollen in meinem
Herzen zu Blüten aufbrechen,
und dein Duft soll mein Atem sein,
und zusammen wollen wir alle Jahreszeiten
genießen.«
The Prophet

Wer bist du, Erde, und was bist du?
Du bist »Ich«, Erde …
Du bist »Ich«, Erde.
Wäre es nicht meines Daseins wegen,
du wärest nie gewesen.
Thoughts and Meditations

Und wie kein einziges Blatt gelb wird
ohne das stille Wissen des ganzen Baums,
so kann auch der Übeltäter nicht Übles tun
ohne euer aller verborgenen Willen.
The Prophet

Dein Ich ist ohne Grund und Maß

Nichts anderes kann ich dir offenbaren
als das, was schon immer, nur unerweckt,
im Dämmern deines Wissens schlummert …
Wie jeder von euch allein in Gottes Wissen steht,
so muss auch jeder in seinem Wissen um Gott
und in seinem Verständnis der Erde stehen.
The Prophet

Was ganz tief in dir lebt, mein Menschenbruder, ist
in Alleinsein eingehüllt. Ohne dieses Allein- und
Einsamsein wärest du nicht du, genau wie ich nicht
ich sein könnte. Trennte uns nicht dieses Allein-
und Einsamsein, so wäre mir beim Hören deiner
Stimme, als spräche meine eigene; oder beim Sehen
deines Angesichts, als sei das ich, der in den Spiegel
schaut.
The Voice of the Master

Wäre die Milchstraße nicht in mir selbst –
wie hätte ich sie je sehen
oder von ihr wissen können?
Sand and Foam

Ich war,
und ich bin.
So werde ich bis ans Ende der Zeit sein,
denn ich bin ohne Ende.
Ich habe die weiten Räume des Grenzenlosen
durchmessen,
ich habe die Welt der Phantasie durchflogen,
ich habe ganz nah an den Lichtkreis in der Höhe
gerührt.
Doch seht: Immer noch bin ich Gefangener
der Materie.
A Tear and a Smile

Der erste Gedanke Gottes war ein Engel.
Das erste Wort Gottes war ein Mensch.
Sand and Foam

Die Seele sucht Gott,
wie die Hitze die Höhe sucht
oder das Wasser das Meer.
Das Vermögen, zu suchen,
und die Sehnsucht, zu suchen,
sind Wesenseigenschaften der Seele.
Die Seele kommt nie ganz vom Weg ab,
genau wie Wasser niemals aufwärts fließen könnte.
Alle Seelen werden schließlich in Gott sein.
Beloved Prophet

Du großes einsichtsvolles Sein,
verborgen wesend im Universum, für es wirkend:
Du vermagst mich zu hören, weil Du in mir bist.
Du vermagst mich zu sehen, weil Du
allsehend bist.
Ich bitte Dich: Senke in meine Seele
ein Samenkorn Deiner Weisheit,
das zum Schössling in Deinem Wald keime
und schließlich Frucht von Dir trage.
Amen!
Mirrors of the Soul

Gott hat in jede Seele einen Apostel gesetzt,
uns auf den Weg des Lichts zu führen.
Doch viele suchen das Leben irgendwo draußen
und merken gar nicht, dass es sich in ihnen regt.
Spiritual Sayings

Wenn sie erwachen, sagen sie zu mir:
»Du und die Welt, in der du lebst,
ihr seid nur ein Sandkorn
am unendlichen Strand
eines unendlichen Meeres.«
Ich aber träume weiter und entgegne ihnen:
»Ich bin das unendliche Meer,
und alle Welten sind nur Sandkörner
an meinem Strand.«
Sand and Foam

Erst gestern noch
hielt ich mich für ein Bruchstück,
das ohne Rhythmus
in der Kugel des Lebens umhertaumelt.
Jetzt weiß ich:
Ich bin die Kugel,
und alles Leben bewegt sich
in unmerklichen Rhythmen in mir.
Sand and Foam

Irgendwann geht dir auf:
Der unerschütterlich Stehende
und der Wankende und Fallende
ist ein und derselbe Mensch im Zwielicht:
der Nacht seines Zwergen-Ich
und des Tages seines Göttlichen Ich.
The Prophet

Der Mensch ist zwei Menschen:
einer, der im Finstern wach liegt,
und einer, der im Lichte schläft.
Sand and Foam

Meine Seele sprach zu mir und führte mir vor
Augen, dass ich weder mehr als ein Zwerg
noch weniger als ein Riese bin.
Ehe sie mir dies offenbarte, sah ich in der
Menschheit zwei getrennte Arten von Menschen:
Schwache, die ich bedauerte, und Starke, denen ich
nacheiferte oder gegen die ich mich in Ablehnung
sträubte.
Doch jetzt habe ich eingesehen, dass in mir beide
sind und wir alle aus den gleichen beiden Seiten
zusammengefügt sind. Mein Ursprung ist ihr
Ursprung, mein Bewusstsein ist ihr Bewusstsein,
mein Streben ist ihr Streben und mein Pilgerweg
ist der ihre.
Wenn sie sündigen, bin auch ich ein Sünder.
Wenn es ihnen gut geht, bin ich stolz darauf.
Wenn sie sich erheben, erhebe ich mich mit ihnen.
Wenn sie träge bleiben, teile ich ihre Trägheit.
Thoughts and Meditations

Wisse um deinen eigenen wirklichen Wert,
und dir kann nichts passieren.
The Voice of the Master

Wer nicht in seinem Selbst einen Freund entdeckt,
stirbt schließlich in Verzweiflung.
Denn das Leben quillt aus dem Inneren
des Menschen auf, nicht von außen her.
A Tear and a Smile

Müßig ist's, die Tiefen deines Wissens mit Stangen
oder Echolot erkunden zu wollen.
Dein Ich ist nämlich wie ein Meer:
ohne Grund und ohne Maß.
The Prophet

Du bist nur ein winziges Bruchstück
deines Riesenselbst:
ein Mund, der Brot sucht,
eine blinde Hand, die den Becher zum
durstigen Munde führt.
Sand and Foam

Es gibt kein Menschenwesen, das über die Fähigkeit
verfügte, seine Träume umzugestalten, ein Bild
gegen ein andres auszutauschen oder seine Geheimnisse von einem Ort an einen andern zu verlegen.
Vermag denn das Schwache und Dürftige in uns
das Starke und Mächtige in uns zu verformen?
Kann denn das erworbene Selbst, erdgebunden, wie
es ist, das vom Himmel stammende angeborene
Selbst verändern und umgestalten? Nein, diese
blaue Flamme lodert unwandelbar; sie verwandelt,
aber lässt sich nicht verwandeln, gebietet, aber lässt
sich nicht gebieten.
Love Letters

Das Gebet ist das Lied des Herzens.
Es findet auch dann noch seinen Weg
zum Throne Gottes,
wenn es in das Klagen Tausender
von Seelen verstrickt ist.
Spiritual Sayings

Wir mögen uns mit den Jahreszeiten ändern –
die Jahreszeiten ändern uns nicht.
Spiritual Sayings

Dein Nachbar ist dein anderes, hinter einer Wand
wohnendes Selbst.
Im Verstehen werden alle Wände fallen.
Jesus, the Son of Man

Liebe:
die einzige Freiheit in der Welt

Es heißt, wer sich selbst verstehe,
der verstehe auch alle anderen Menschen.
Ich aber sage euch:
Wer die Menschen liebt,
der lernt etwas über sich selbst.
Spiritual Sayings

Liebe ist die einzige Freiheit in der Welt:
Sie erhebt den Geist derart,
dass die Gesetze des Menschseins
und die Phänomene der Natur
seinen Lauf nicht mehr zu verändern vermögen.
The Broken Wings

Winkt dich die Liebe herbei,
so folge ihr nach,
auch wenn sie dich mühsame, steile Wege führt.
Umhüllen dich ihre Flügel,
so überlasse dich ihr,
auch wenn in ihren Federn ein Schwert steckt,
das dir Wunden zufügt.
Spricht sie zu dir,
so schenke ihr Glauben,
auch wenn ihre Stimme deine Träume zerfetzt,
wie der Nordwind den Garten verwüstet.
Die Liebe wird dich krönen,
aber zugleich auch kreuzigen.
Sie wird dich reifen lassen,
aber auch deine Frucht restlos pflücken.
Sie wird bis in deine Gipfel steigen
und deine zartesten, in der Sonne schaukelnden
Zweige liebkosen.
Sie wird auch in deine Wurzeln fahren,
sie erschüttern und ihren Griff
in die Erde lösen.
Sie fährt dich wie Weizengarben in ihre Scheune.

Sie drischt dich,
bis du nackt und bloß bist.
Sie siebt dich frei von all deinem Spelz.
Sie mahlt dich,
bis du ganz weiß bist.
Sie knetet dich geschmeidig.
Dann schiebt sie dich in ihr heiliges Feuer,
damit du zum heiligen Brot werdest
für Gottes heiliges Mahl.
The Prophet

Nur die Liebe und der Tod
verändern restlos alles.
Sand and Foam

Echte Liebe
vermag der Mensch erst zu ernten
nach schmerzlicher Abwesenheit,
bitterer Geduld
und schwarzer Verzweiflung.
A Tear and a Smile

Erst in der Stunde der Trennung
erkennt die Liebe ihre Tiefe.
Spiritual Sayings

Ich kam, im Glanz der Liebe und im Licht
der Schönheit zu leben.
Seht mich also, wie ich darin lebe.
Menschen können mich davon nicht trennen.
Sollten sie mir die Augen ausreißen,
würde ich den Liebesliedern lauschen
und den Melodien, die von Schönheit
und Freude künden.
Sollten sie mir die Ohren verstopfen,
würde ich meine Freude darin finden,
mich vom Windhauch zärtlich streicheln zu lassen,
der mir den Duft der Schönheit
und die süßen Atemzüge der Liebenden zutrüge.
Und sollte man mir die Luft wegnehmen,
würde ich mit meinem Geist leben;
denn der Geist ist die Tochter der Liebe
und Schönheit.
A Tear and a Smile

Dein strahlendstes Gewand hat ein anderer Mensch
gewoben.
Dein köstlichstes Mahl verzehrst du am Tisch
eines anderen.
Dein behaglichstes Bett steht im Haus
eines anderen.
Sag mir also:
Wie kannst du dich vom anderen Menschen
absetzen?
Sand and Foam

Verzeih mir, mein Geliebter,
dass ich dich in der zweiten Person anspreche.
Du bist doch meine andere, wunderschöne Hälfte,
die mir immer gefehlt hat,
seit wir aus der heiligen Hand Gottes entstanden.
Verzeih mir, mein Geliebter!
The Voice of the Master

Die Stimme des Lebens in mir
vermag das Ohr des Lebens in dir
nicht zu erreichen.
Aber lass uns reden,
damit wir uns nicht einsam fühlen.
Sand and Foam

Leben ohne Liebe
ist wie ein Baum ohne Blüte und Frucht.
Liebe ohne Schönheit
ist wie Blumen ohne Duft,
wie Früchte ohne Samen.
Leben, Liebe und Schönheit sind eine
heilige Dreiheit.
Diese Dreiheit lässt sich nicht trennen,
ist durch nichts zu ersetzen.
Thoughts and Meditations

Liebe ist ein heiliges Geheimnis.
Liebenden bleibt es für immer unaussprechlich.
Solchen, die nicht lieben,
mag sie wie ein herzloser Spaß erscheinen.
Jesus, the Son of Man

Wenn du liebst,
sage nicht: »Gott ist in meinem Herzen.«
Sage vielmehr: »Ich bin im Herzen Gottes.«
The Prophet

Rührt die Seele schließlich an Gott,
so wird ihr bewusst, dass sie in Gott ist.
Ist sie aber in Gott,
so entdeckt sie immer mehr von sich selbst.
Zugleich nimmt auch Gott ständig zu
und sucht weiter
und kristallisiert sich heraus.
Beloved Prophet

Schweigen:
die Sprache des Herzens

Greift die Liebe um sich,
so vergehen ihr alle Worte.
Jesus, the Son of Man

Wer der Wahrheit zuhört,
ist nicht geringer, als wer Wahrheit spricht.
Sand and Foam

Eine große, die Natur übersteigende Wahrheit
teilt sich von einem Wesen zum andern
nicht auf dem Weg menschlicher Rede mit.
Die Wahrheit erschließt liebenden Seelen
ihren Sinn eher im Schweigen.
The Voice of the Master

Wir schwiegen beide. Jeder wartete, dass der andere
zu sprechen anfange. Indes ist das Sprechen nicht
das einzige Verständigungsmittel zwischen zwei
Seelen. Nicht die über die Lippen und Zungen
rieselnden Silben bringen Herzen zusammen.
Es gibt etwas Größeres und Reineres als das, was
der Mund verlauten lässt. Das Schweigen erleuchtet
unsere Seelen, flüstert zu unseren Herzen und führt
sie zusammen. Das Schweigen hilft uns, von uns
selbst abzulegen und aufs Firmament des Geistes
hinauszusegeln. So bringt es uns dem Himmel
näher. Es lässt uns spüren, dass Körper nur
Gefängnisse sind und diese Welt nur ein Ort
des Exils ist.
The Broken Wings

Der Lehrer, der im Schatten des Tempels mitten
unter seinen Jüngern einhergeht,
teilt an sie nicht seine Weisheit aus,
sondern eher seinen Glauben und seine
Liebenswürdigkeit.
The Prophet

Was echt und ureigen in uns ist, schweigt;
was erworben ist, schwätzt.
Sand and Foam

Der allgemeine Treffpunkt der Menschheit ist ihr
schweigendes Herz,
nicht ihr geschwätziger Geist.
Sand and Foam

Ich läuterte meine Lippen mit dem heiligen Feuer,
um von Liebe zu sprechen,
aber als ich sie öffnete, fand ich mich sprachlos.
Ehe ich die Liebe kannte, sang ich gern
Liebeslieder,
aber als ich anfing, sie zu erkennen, vergingen
die Worte meines Mundes zu bloßem Atem,
und die Melodien in meiner Brust verfielen
in tiefes Schweigen.
Prose Poems

Ich vermochte nicht zu sprechen;
so griff ich auf das Schweigen zurück,
die einzige Sprache des Herzens.
The Broken Wings

Nicht das, was der andere Mensch dir offenbart,
ist er wirklich,
sondern das, was er dir gar nicht offenbaren kann.
Willst du ihn also wirklich kennen lernen,
so höre mehr auf das, was er nicht sagt,
als auf das, was er sagt.
Sand and Foam

Ihr glaubt an das, was man euch sagt.
Glaubt an das Ungesagte,
denn das Schweigen der Menschen
kommt der Wahrheit näher als alle ihre Worte.
Jesus, the Son of Man

Du wirst dich hoch über deine Worte erheben,
aber du wirst auf deinem Weg
eine Spur von Rhythmus und Duft hinterlassen.
Den Rhythmus werden Liebende und Geliebte
aufgreifen,
den Duft werden genießen,
die ihr Leben in einem Garten verbringen wollen.
The Garden of the Prophet

Freude und Trauer,
die unzertrennlichen Geschwister

Manche von euch sagen:
»Freude ist etwas Größeres als Trauer«,
andere dagegen: »Nein, Trauer ist das Größere.«
Ich aber sage euch:
Beide sind untrennbar.
Sie kommen immer gemeinsam.
Sitzt eine allein mit euch am Tisch,
dann vergesst nicht:
Die andere schläft derweil auf eurem Bett.
The Prophet

Der Zweifel ist ein zu einsamer Schmerz,
als dass er sähe, wie der Glaube sein
Zwillingsbruder ist.
Jesus, the Son of Man

Wahres Licht ist solches, das aus dem Inneren eines
Menschen strahlt. Es offenbart der Seele die
Geheimnisse der Seele, steckt sie mit der Freude
am Leben an und weckt im Namen des Göttlichen
Geistes ein Lied. Die Wahrheit ist wie die Sterne,
die man nur jenseits der Finsternis der Nacht
erblicken kann. Die Wahrheit ist wie alles Schöne,
das es gibt: Sie enthüllt ihre Schönheiten nur
denen, die schwer unter der Falschheit leiden.
Spirits Rebellious

Oft heißen wir das Leben bitter,
jedoch nur dann,
wenn wir selbst ganz bitter sind und düster.
Wir sagen, es sei leer und lohne nicht,
jedoch nur dann,
wenn unsre Seele durch öde Orte schweift
und unser Herz wie trunken
viel zu sehr in sich selbst verfangen ist.
The Garden of the Prophet

Der trauernde Geist findet Ruhe im Einssein
mit einem ihm Ähnlichen …
Auf dem Weg über die Trauer Vereinte
sind nicht mehr durch die Herrlichkeit des Glücks
voneinander getrennt.
Von Tränen geläuterte Liebe
bleibt in Ewigkeit rein und wunderschön.
The Broken Wings

Trauer erweicht die Gefühle;
Freude heilt die Herzenswunden.
Würden Trauer und Armut abgeschafft,
so wäre der Geist des Menschen wie eine
leere Tafel,
auf die schließlich nur noch
Zeichen der Selbstsucht und der Gier
gekritzelt würden.
The Voice of the Master

Eines Tages trafen sich Schönheit und Hässlichkeit am Ufer eines Sees. Und sie sprachen zueinander: »Komm, wir baden hier im See.«
Sie legten ihre Kleider ab und schwammen in den Wassern. Nach einiger Zeit kam Hässlichkeit zurück ans Ufer, legte sich Schönheits Kleider an und ging davon.
Als Schönheit aus dem Wasser stieg, fand sie ihre Kleider nicht mehr. Zu scheu, um nackt zu bleiben, legte sie sich Hässlichkeits Kleider an. Und Schönheit ging davon.
So kommt es, dass die Menschen bis heute die eine mit der anderen verwechseln.
Manche allerdings erkennen das Gesicht von Schönheit wieder, trotz ihrer Kleider, die sie trägt. Und es gibt auch manche, die das Gesicht von Hässlichkeit erkennen und sich nicht von ihren Kleidern täuschen lassen.
The Wanderer

Mein von Trauer erfüllter Freund, könntest du
sehen, dass alles Misslingen, das dich in deinem
Leben nieder gehalten hat, genau die Kraft ist,
die dein Herz erleuchtet und deine Seele aus der
Grube des Banalen auf den Thron des Erhabenen
befördert, so wärest du mit deinem Los zufrieden.
Du würdest es als Erbe schätzen, das dich
unterwies und weise werden ließ.
The Voice of the Master

Ihr wisst jetzt:
Trauer und Armut läutern das Herz des Menschen.
Unser schwacher Geist jedoch neigt zur Ansicht,
einzig erstrebenswert im Universum
sei Unbeschwert- und Glücklichsein.
Thoughts and Meditations

Sprach eine Auster zu der Auster neben ihr: »Ich
spüre einen großen Schmerz in meinem Innern.
Er ist schwer und rund und plagt mich sehr.«
Die andre Auster darauf hochmütig, selbstgefällig:
»Preis sei den Himmeln und dem Meer, dass ich in
mir gar keinen Schmerz verspüre. Ich fühl' mich
wohl und ganz, im Innern wie im Außen.«
Derweil zog just ein Krebs vorbei und hörte, was
die Austern sprachen. Zu der, welche sich rühmte,
im Innern wie im Außen wohl und ganz zu sein,
sagte er: »Ja, du bist wohl und ganz. Aber der
Schmerz, den deine Nachbarin erträgt, gebiert eine
Perle von auserlesner Schönheit.«
The Wanderer

Er war ein Mensch der Freude;
und auf dem Weg der Freude
begegnete er der Trauer aller Menschen.
Jesus, the Son of Man

An einem Tag im Mai trafen sich Freude und Trauer
an einem See. Sie begrüßten einander, setzten sich
ans stille Wasser und begannen ein Gespräch.
Die Freude sprach von der Schönheit auf der Erde,
vom täglichen Wunder des Lebens im Wald und
auf den Hügeln und von den Liedern im Morgen-
und im Abenddämmer.
Die Trauer sprach und stimmte allem zu, was die
Freude geschildert hatte; denn die Trauer wusste
um den Zauber der Stunde und die Schönheit, die
sie barg. Und die Trauer beschrieb anschaulich den
Mai in den Feldern und zwischen den Hügeln.
So unterhielten sich Freude und Trauer lange
miteinander. Sie waren sich in allen Dingen einig,
die sie einander zu erzählen wussten.
Da kamen auf der anderen Seite des Sees zwei
Jäger vorbei. Sie schauten über das Wasser, und der
eine von ihnen sagte: »Wer sind wohl diese zwei
Frauen da drüben?«
Der andere wandte ein: »Du sprachst von zwei?
Ich sehe nur eine.«
Der erste Jäger entgegnete: »Nein, es sind zwei.«

Der zweite bestand darauf: »Ich kann nur eine sehen, und auch im See spiegelt sich nur eine.« »Nein, es sind zwei«, entgegnete wieder der erste, »und das Spiegelbild im stillen Wasser ist das von zwei.«

Aber der zweite Jäger beharrte: »Ich sehe nur eine.« Und wiederum widersprach der andere: »Aber ich sehe eindeutig zwei.«

Bis heute behauptet der eine Jäger, sein Kamerad sehe doppelt; der andere dagegen behauptet von ihm: »Mein Kamerad ist irgendwie blind.«

The Wanderer

Was uns hilft,
wieder ganz zu werden

Selig, die gelassenen Geistes sind.
Selig, die sich von Besitztum nicht besitzen lassen,
denn sie werden frei sein.
Selig, die ihres Schmerzes eingedenk sind
und aus ihrem Schmerz ihre Freude erwarten.
Selig, die nach Wahrheit und Schönheit hungern,
denn ihr Hunger wird ihnen Brot bringen
und ihr Durst kühles Wasser.
Selig die Freundlichen,
denn sie werden von ihrer eigenen Freundlichkeit
getröstet.
Selig die Herzensreinen,
denn sie werden mit Gott eins sein.
Selig die Barmherzigen,
denn Barmherzigkeit wird auch ihr Los sein.

Selig die Friedensstifter,
denn ihr Geist wird über dem Kampf wohnen,
und sie werden das Töpferfeld zum Garten
machen.
Selig die Gejagten,
denn sie werden schnellfüßig sein und
Flügel erhalten.
Jesus, the Son of Man

Unlängst sah ich einen Reichen am Tor zum Tempel
stehen. Er hatte die Hände voller Edelsteine,
streckte sie allen Vorübergehenden entgegen und
rief ihnen verzweifelt zu: »Erbarmt euch meiner.
Nehmt mir diese Juwelen ab. Sie sind schuld, dass
meine Seele krank wurde und mein Herz hart.
Erbarmt euch, nehmt sie. Helft mir, wieder
ganz zu werden!«
The Voice of the Master

Zielte die Religion auf Belohnung,
diente die Vaterlandsliebe dem eigenen Vorteil
und mühte man sich bei der Bildung um
beruflichen Erfolg,
so zöge ich es vor,
ein Ungläubiger,
vaterlandsloser Geselle
und schlichter Ignorant zu sein.
Spiritual Sayings

Habe ein wachsames Auge auf dich selbst,
so als seiest du dein eigener Feind.
Denn erst wenn du es gelernt hast,
deine eigenen Leidenschaften zu beherrschen
und den Befehlen deines Gewissens zu gehorchen,
wirst du Herr deiner selbst sein können.
The Voice of the Master

Spricht die Vernunft zu dir, so höre auf das,
was sie dir sagt, und du wirst gerettet sein.
Nutze ihre Äußerungen klug,
und du bist gut gewappnet.
Denn der Herr hat dir keinen besseren Führer als
die Vernunft gegeben, keinen stärkeren Arm als sie.
Spricht die Vernunft zu deinem innersten Selbst,
so kannst du dein Begehren klären.
Die Vernunft ist nämlich ein verständiger Verwalter,
ein zuverlässiger Führer und ein weiser Ratgeber.
Die Vernunft ist Licht in der Finsternis,
so wie die Wut Finsternis im Licht ist.
Sei weise – lass die Vernunft, nicht den Impuls,
deine Führerin sein.
The Voice of the Master

Ich mag die von Menschen gemachten Gesetze
nicht, und die uns von unseren Vorfahren
hinterlassenen Traditionen sind mir ein Gräuel.
Dieser Abscheu ist die Frucht meiner Liebe zu
jener heiligen und spirituellen Güte und
Liebenswürdigkeit, die die Quelle jedes Gesetzes
auf Erden sein sollte, denn die Güte ist der Abglanz
Gottes im Menschen.
A Self-Portrait

Nur Idioten und Genies
brechen von Menschen gemachte Gesetze.
Sie stehen dem Herzen Gottes am nächsten.
Sand and Foam

Mein Feind sprach zu mir: »Liebe deinen Feind.«
Ich gehorchte ihm und liebte mich selbst.
Spiritual Sayings

Wirf jeden Tag einen Blick in dein Inneres
und verbessere, was an dir fehlerhaft ist.
Erfüllst du nur nachlässig diese Pflicht,
so bist du dem in dir verborgenen Wissen
und Verstand untreu.
The Voice of the Master

Eines Tages gingen Er und ich allein über ein Feld.
Wir waren beide hungrig und kamen an einen
wilden Apfelbaum.
Es hingen nur noch zwei Äpfel an einem Zweig.
Und Er umfasste mit seinem Arm den Baumstamm,
schüttelte ihn, und die beiden Äpfel fielen herab.
Er hob sie beide auf und gab mir einen.
Den anderen hielt Er in seiner Hand.
In meinem Hunger aß ich meinen Apfel,
und ich verzehrte ihn ganz schnell.
Dann blickte ich Ihn an und sah, dass Er den
anderen Apfel noch immer in der Hand hielt.
Er reichte ihn mir und sprach: »Iss auch diesen.«
Und ich nahm den Apfel, und in meinem
schamlosen Hunger aß ich ihn.
Wir gingen weiter, und ich sah ihm ins Gesicht …
Er hatte beide Äpfel mir gegeben. Und ich wusste,
dass Er genau so hungrig war wie ich.
Aber jetzt weiß ich: Indem er beide Äpfel mir
gegeben hatte, war er satt geworden.
Jesus, the Son of Man

Das Göttliche in dieser Welt

Die Erde ist wie eine wunderschöne Braut, die
keines von Menschen gefertigten Geschmeides
bedarf, ihre Anmut zu steigern. Ihr genügen das
Grün ihrer Felder, das Gold ihrer Meeresufer und
die Edelsteine ihrer Gebirge.
The Voice of the Master

Als ich über einen Tautropfen meditierte,
erschloss sich mir das Geheimnis des Meeres.
Spiritual Sayings

Wer nicht schon in dieser Welt das Himmelreich
erkennen kann,
der wird auch im Jenseits vergebens danach
Ausschau halten.
Spirits Rebellious

Die Natur streckt sich uns mit einladenden Armen
entgegen.
Sie lädt uns ein, uns ihrer Schönheit zu erfreuen.
Doch ihr Schweigen ist uns unheimlich.
Darum eilen wir in die überfüllten Städte
und drängen uns dort zusammen
wie Schafe, die Angst haben
vor dem grimmigen Wolf.
The Voice of the Master

Die Wahrheit ruft uns, lockt uns mit dem
unschuldigen Lachen eines Kindes oder dem Kuss
eines Geliebten; aber wir schlagen angesichts ihrer
die Tür zu und tun, als sei sie unsere Feindin.
The Voice of the Master

Mein göttlicher Stand beruht auf der Schönheit, die
du erblickst, wo immer du die Augen erhebst, einer
Schönheit, wie sie die Natur in allen ihren Formen
bietet. Diese Schönheit löst das Glück des Hirten
aus, wenn er zwischen den Hügeln steht; das Glück
des Dorfmanns inmitten seiner Felder; das Glück
der zwischen Berg und Ebene dahinwandernden
Stämme.
Diese Schönheit wird dem Weisen zur Stufe
hin zum Thron der lebendigen Wahrheit.
A Tear and a Smile

Der Meister kannte kein Ruhen,
außer in der Arbeit.
Er liebte die Arbeit und definierte sie
als Sichtbare Liebe.
The Voice of the Master

Gott steigt auf wie der dampfende Nebel aus den
Meeren und den Bergen und den weiten Ebenen ...
Gott entfaltet sich kraft Seiner Sehnsucht.
Der Mensch und die Erde und alles auf dieser Erde
erheben sich zu Gott,
weil diese Sehnsucht alles machtvoll treibt.
Beloved Prophet

Willst du Gott besser kennen lernen,
so beschäftige dich nicht mit dem Lösen
von Rätseln.
Blicke vielmehr um dich:
Du siehst ihn mit deinen Kindern spielen.
Schau in den Raum hinaus:
Du siehst ihn durch die Wolken schreiten,
siehst, wie er in den Blitzen seine Arme breitet
und im Regen auf die Erde nieder strömt.
Du siehst ihn aus den Blumen lächeln,
siehst, wie er sich erhebt
und dir mit seinen Händen aus den Bäumen
zuwinkt.
The Prophet

Ist nicht jede Tat, und ist nicht jedes Nachdenken
bereits schon Religion?
Und nicht auch alles, was weder Tat
noch Nachdenken ist,
sondern schlicht Staunen und sich Wundern,
so wie es immer wieder aufspringt in der Seele,
selbst wenn die Hände Steine hauen oder sich am
Webstuhl rühren?
Wer vermöchte seinen Glauben zu trennen
von dem, was er gerade tut,
seine Überzeugung von dem, womit er sich
beschäftigt?
Kann denn jemand seine Stunden vor sich legen
und dann sagen:
»Die da ist für Gott, jene aber für mich selbst;
die ist für meine Seele, die andre da für meinen
Körper?«
Alle deine Stunden sind wie Flügelschläge
durch den Raum
von Ich zu Ich.
Wer seine Moral nur als Festkleid trüge,
ginge besser immer nackt.

Wind und Sonne rissen ihm keine Löcher
in die Haut.
Und wer sein Verhalten streng nach ethischen
Richtlinien steuerte,
würde seinen Singvogel in einen Käfig einsperren.
Das freieste Lied erschallt nicht laut
aus Gitterstäben und aus Zäunen.
Und wem der Gottesdienst ein Fenster ist,
das er nach Belieben öffnet oder schließt,
der hat noch nicht der eignen Seele Haus betreten,
denn deren Fenster reichen
von einer Dämmerung zur andern.
Euer Alltagsleben ist eure Religion und
euer Tempel.
Sooft ihr ihn betretet, nehmt alles mit,
was ihr nur habt.
The Prophet

Wir sterben, um Leben zu zeugen

Zu einem Dichter sagte ich einmal:
»Erst nach deinem Tod werden wir dich wirklich
schätzen.«
Er aber erwiderte mir:
»Ja, der Tod ist immer der Offenbarer.
Und solltet ihr tatsächlich meinen Wert erkennen,
dann deshalb,
weil ich mehr im Herzen
als auf meiner Zunge trage
und mehr in meiner Sehnsucht
als in meiner Hand.«
Sand and Foam

Ist vielleicht ein Begräbnis bei Menschen
ein Hochzeitsfest bei den Engeln?
Sand and Foam

Ich werde jetzt sterben,
denn meine Seele hat ihr Ziel erreicht.
Ich bin so weit, mit meinem Wissen
hinauszugreifen
in eine Welt jenseits der engen Höhle,
in der ich geboren ward.
Darauf ist das Leben angelegt ...
Das ist das Geheimnis unsres Daseins.
The Secrets of the Heart

Trocknet also eure Tränen, meine Freunde!
Hebt den Kopf,
wie Blumen ihre Kronen beim Anbruch
der Morgendämmerung aufrichten,
und schaut die Braut des Todes
als Lichtsäule stehen
zwischen meinem Bett und der Leere.
Haltet eine Weile den Atem an und lauscht mit mir
dem Rauschen ihrer Schwingen.
A Tear and a Smile

Wir sterben, um Leben um Leben zu zeugen –
auch dann, wenn unsre Finger den Faden für ein
Kleid spinnen, das wir selbst nie tragen werden.
Jesus, the Son of Man

Und er sprach zu sich selbst:
Wird der Tag des Scheidens
der Tag des Wiederfindens sein?
Und wird es heißen,
in meinem Abenddämmern
sei in Wirklichkeit
die Morgenröte für mich angebrochen?
The Prophet

Wie eine Lichtsäule stand der Mensch
mitten in den Ruinen von Babylon, Ninive,
Palmyra und Pompeji.
Er stand und sang das Lied von der Unsterblichkeit:
> Lass die Erde nehmen,
> was ihr zugehört.
> Denn ich, der Mensch, bin ohne Ende.

The Voice of the Master

Alle Schwingungen unserer Gefühle
und alle Regungen unseres Herzens
werden wir dereinst erkennen und spüren.
Wir werden den Sinn der Gottheit in uns erfassen,
die wir jetzt noch missachten,
gelähmt von unsrer Verzweiflung.

The Voice of the Master

Erdentod ist dem Erdenkind
endgültig, doch dem Himmlischen
ist er ein Anfang nur zum Sieg,
der ihm am Ende sicher winkt.

Wer träumend wach die Nacht antritt,
der kann nicht sterben! Doch wer schläft
die ganze lange Nacht hindurch,
verdämmert vollends tief im Meer.

Denn wer bewusst dem Grund zustrebt
und hellwach bleibt, gelangt ans Ziel.
Wer unbeschwert den Tod angeht,
durchquert ihn; Schweres sinkt hinab.
The Procession

Hättest du alle Geheimnisse des Lebens gelüftet,
so würdest du dich nach dem Tode sehnen,
denn er ist das Geheimnis des Lebens,
das noch bliebe.
Geburt und Tod
sind die beiden edelsten Erweise unsres Mutes.
Sand and Foam

Das Wirkliche am Leben ist das Leben selbst,
dessen Anfang nicht im Mutterschoß liegt
und dessen Ende nicht im Grab.
Denn die verstreichenden Jahre
sind nur ein Augenblick des ewigen Lebens;
und die Welt des Materiellen und alles in ihr
ist nur ein Traum im Vergleich zu jenem Erwachen,
das wir als den Schrecken des Todes bezeichnen.
The Voice of the Master

Der Tod ist dem Alten nicht näher als dem
Neugeborenen;
auch das Leben nicht.
Sand and Foam

Weil wir das Leben nicht begreifen,
fürchten wir den Tod,
und die Angst vor dem Tod
macht uns vor Streit und Kriegen bang.
Die wirklich leben
und wissen, was es heißt, zu sein,
die haben das Geheimnis vom Leben-im-Tod
erfasst und predigen nicht Frieden;
sie predigen das Leben.
Beloved Prophet

In der Natur, da ist kein Tod.
Sie richtet keine Gräber ein.
Vergeht auch immer der April,
was er an Freude gab, das bleibt.

Angst vor dem Tod ist Illusion,
die Menschenweisheit sich ersann.
Wer einen Frühling wirklich lebt,
gleicht einem, welcher uralt wird.

Reich mir die Flöte, sing mit mir!
Denn Singen ist Unsterblichkeit.
Das Lied des Flötenklangs hält an,
wenn Freud und Elend längst verging.
The Procession

Khalil Gibran: der zerrissene, inspirierende Prophet

Mit seinem 1923 veröffentlichten Buch *The Prophet* wurde Khalil Gibran (1883–1931) einer der berühmtesten und beliebtesten Schriftsteller des 20. Jahrhunderts. Dieses Werk, die fiktive Abschiedsrede eines Propheten, der lange bei der Bevölkerung einer Insel gelebt hat und in poetischer Sprache seine Weisungen für alle wichtigen Lebensbereiche hinterlässt, erreichte allein im englischen Sprachraum bis zum Ende des Jahrhunderts eine Auflage von über 10 Millionen verkaufter Exemplare, womit Gibran vermutlich nach Shakespeare und Lao-tse der drittgrößte Bestseller-Dichter aller Zeiten ist. Die Käufer dieses Buches sind bemerkenswerterweise seit Jahrzehnten vorwiegend Jugendliche und Studenten, was zeigt, dass dieser Autor offensichtlich gerade die Themen, ja den Nerv dieser Altersgruppe trifft. Mit seinen

Grundaussagen, der Mensch trage Göttliches in sich und entwickle sich in Gott hinein, der seinerseits immer weiter in der Evolution begriffen sei, wurde Gibran unmerklich (denn ausdrücklich wurde das kaum wahrgenommen) zu einem der Gründerväter der New-Age-Bewegung und dürfte darum auch noch lange nachwirken. Wer war dieser Khalil Gibran?

1883 wurde Gibran in einem maronitisch-christlichen Dorf im Libanon geboren. Als er zwölf Jahre alt war, wanderte seine Familie nach Amerika aus und ließ sich in Boston nieder. Den dreizehnjährigen hübschen und begabten Knaben aus armseligen Verhältnissen nahm der Bostoner Künstler und Mäzen Fred Holland Day als Modell und Protégé unter seine Fittiche und förderte sein Talent zum Zeichnen und Malen. Der aufgeweckte Khalil war fasziniert von der Welt der Künstler und der im Wesentlichen von der Spätromantik und den Vertretern der »Dekadenz« geprägten Literatur, die in Days Haus gemeinsam gelesen wurde: ein Schuss Nietzsche, stark Maeterlinck, der alte Rousseau mit seinem Glauben an die Natur, Blake, Emerson, Whitman. Day vermittelte Khalil das Gefühl, er sei ein außergewöhnlicher, zu Großem berufener Mensch. Aber tief in seinem Herzen wusste er immer, dass er nicht die exotische Gestalt war, zu der ihn Day verklärte. Das führte zu einer Spannung, die einen Großteil von Gibrans Leben prägte. In Augenblicken der Schwäche oder Aufrichtigkeit gestand er seinen vertrautesten Freunden, er komme sich irgendwie als Schwindel vor, aber er widmete sich weiterhin der Schaffung einer Mythologie über sich selbst und zeigte den Menschen nie sein wahres Selbst, sondern nur, was sie von ihm erwarteten oder in ihm sehen wollten. Dabei war er kreativ genug, um sogar noch nachfolgende Generationen mit seinen Inspirationen anregen zu können. Er war ein geplagter Mensch, der darunter litt, nicht dem Ideal eines Propheten zu entsprechen, und es nicht aushielt, bloß ein Mensch zu sein.

1898 bis 1901 (im Alter von 15 bis 18) wurde Gibran, von seinem Mäzen finanziert, von der Familie in den Libanon zurückgeschickt, wo er in Beirut das College besuchte. In diesen Jahren entdeckte er seine arabischen Wurzeln. Er schrieb erste Kurzgeschichten und Prosa und war bereits von einem gewaltigen Sendungsbewusstsein erfüllt. Diese frühen Werke machten ihn in der arabischen Welt bekannt und trugen dazu bei, eine Art Revolution in der arabischen Literatur einzuleiten, denn noch nie war auf solche Weise auf Arabisch geschrieben worden.

1901 nach Boston zurückgekehrt, wurde Khalil Gibran als frühreifes Genie in die Welt der Künstler und Reichen eingeführt und fand glühende Verehrerinnen. Zur Dichterin Josephine Peabody, die sich ihm mit unglaublicher Naivität widmete, unterhielt er jahrelang eine troubadourhaft künstliche Beziehung. Ihre Art, wie sie ihn als göttlich reines Genie behandelte, dem allzu Menschliches viel zu niedrig wäre, lieferte ihm den Vorwand dafür, die melancholischen Attitüden und die Leidensmiene des romantischen Helden anzunehmen. Die zweite wichtige Frau in Gibrans Leben war die zehn Jahre ältere Mary Haskell, die ihm ein Studienjahr in Paris finanzierte und ihn jahrelang finanziell aushielt. Mit ihr pflegte er eine höchst komplizierte Beziehung, die öfter an den Rand des intimen Verhältnisses führte, aber nie zu einem solchen wurde. Mary, die er bis an sein Lebensende vor allen seinen Freunden verbarg, redigierte alle seine englischen Texte und gab auch dem Werk *The Prophet* den letzten Schliff. Außerdem unterhielt Gibran, der nie mit einer Frau zusammenlebte, über zwei Jahrzehnte eine rein briefliche Liebesbeziehung mit einer Dichterin in Ägypten, die er jedoch kein einziges Mal von Angesicht zu Angesicht sah. Das alles offenbart einen ungemein stark narzisstischen Zug. Gibran idealisierte seine Partnerinnen derart, dass es ihm unmöglich wurde, mit ihnen als lebendigen Menschen aus Fleisch und Blut eine Beziehung einzugehen.

Ab 1911 gelang ihm der Einstieg in die New Yorker Gesellschaft, vor allem in die von Damen organisierten Zirkel, die empfanden: »He sounds like Jesus – er klingt wie Jesus.« Seine spirituellen Wurzeln lagen in jener Spielart des Christentums, die ihre Anfänge bis ins 5. Jahrhundert auf den syrischen Mönch und Heiligen Maron zurückführte, jedoch in ihrer Sprache und Bilderwelt auch vom sie umgebenden Islam angeregt war; jedoch entwickelte Gibran daraus seine ganz eigene Vision der Beziehung des Menschen zum Göttlichen in sich selbst und in der Welt.

Khalil pflegte auch Männerfreundschaften, hielt aber immer eine gewisse erhaben wirkende Distanz. Ausstellungen seiner Bilder waren weniger erfolgreich, aber literarisch verschaffte er sich vor allem mit Parabeln und Weisheitsgeschichten Bekanntheit, die sein Talent offenbaren, in anschaulichen Bildern und Gleichnissen zu sprechen. 1923 gelang mit seinem *The Prophet* – schleppend allerdings – der Durchbruch. Von da an lebte Gibran sich ganz in die Rolle des Dichter-Propheten hinein. Doch sank er bald von diesem Zenit ab, wurde in der zweiten Hälfte der 1920er Jahre konservativer und von neuen literarischen Stilen und Moden überholt. Er verwickelte sich in unglückliche Finanzgeschäfte, wurde Alkoholiker, verfasste weitere Werke, darunter ein Jesus-Buch »aus künstlerischer Imagination«, fast eine Art neues apokryphes Evangelium, aber alle diese Schriften waren nur noch Nachhall von The Prophet. 1931 starb Khalil Gibran an Leberzirrhose.

Er war ein widersprüchlicher Mensch. So verkehrte er freundschaftlich mit den Reichen und Berühmten von Boston und New York und behauptete zugleich, den Armen dieser Welt besonders verbunden zu sein. Gibran erlitt vernichtende persönliche Tragödien und ist dennoch für den Frieden und Optimismus bekannt, den sein beliebtestes Werk ausstrahlt. Er erscheint als Weiser und Prophet und hatte allem Anschein nach eine ganze Anzahl von Persönlichkeitsrollen für sich geschaffen, die ihn innerlich zerrissen. Dennoch – oder deshalb? –, so beweist der anhaltende Erfolg seiner Bücher, ist seine Anziehungskraft nicht die eines oberflächlichen Denkers. Vielleicht finden sich die Leser des 20. und auch des 21. Jahrhunderts im kreativen Narzissmus des Dichters, in der ambivalenten Sexualität des Ästheten und den Sehnsüchten wie Süchten des Menschen Khalil Gibran eher wieder als in einem »ganzen« Menschen, einem »Heiligen«, vermag doch ein Durstiger fast ergreifender vom Trinken zu sprechen als einer, der an der Quelle sitzt.

Herkunft der Texte
(dazu jeweils, soweit vorhanden, die deutschen Titel)

Beloved Prophet: The Love Letters of Kahlil Gibran and Mary Haskell and her Private Journal, edited and arranged by Virginia Hilu,
Alfred A. Knopf, New York 1972.

The Broken Wings, Heinemann London 1959, Reprint 1961.
(Gebrochene Flügel)

The Garden of the Prophet, Heinemann London 1934/1961.
(Im Garten des Propheten)

Jesus, the Son of Man: His Words and His Deeds as Told and Recor-
ded by Those who Knew Him, Heinemann London 1928/1969.
(Jesus Menschensohn. Seine Worte und Taten, berichtet von Menschen, die ihn kannten)

Love Letters, edited by S.B. Bushrui and S.H. al-Kuzbari, Oneworld
Oxford 1999.

Mirrors of the Soul, edited by J. Sheban, Philosophical Library New
York 1965.

The Procession: The Life of Khalil Gibran and his Procession, edited
by G. Kheirallah, The Wisdom Library New York 1958.

The Prophet, Alfred A. Knopf New York 1923/1998.
(Der Prophet)

Prose Poems, edited by A. Ghareeb, Heinemann London 1964/1972.

Sand and Foam, Heinemann London 1927/1954.
(Sand und Schaum. Aphorismen)

The Secrets of the Heart: A Special Selection, edited by M.L. Wolf, The Wisdom Library New York 1971.
(Geheimnisse des Herzens)

Self-Portrait: Khalil Gibran: A Self-Portrait, edited by A.R. Ferris, The Citadel Press New York 1969.

Spirits Rebellious, Alfred A. Knopf New York 1948/1963.
Rebellische Geister. Geschichten)

Spiritual Sayings, edited by A.R. Ferris, Heinemann London 1963/1974.

A Tear and a Smile, Heinemann London 1950/1972.
(Eine Träne und ein Lächeln)

Thoughts and Meditations, edited by A.R. Ferris, The Citadel Press New York 1969.

A Treasury of Khalil Gibran, edited by M.L. Wolf, The Citadel Press New York 1965.

The Voice of the Master, Heinemann London 1960/1973.

The Wanderer: His Parables and His Sayings, Heinemann London 1965/1972.
(Der Wanderer)

Zwei neue Biographien zu Khalil Gibran:

Robin Waterfield, Prophet. The Life and Times of Kahlil Gibran, The Penguin Press London 1998.

Suheil Bushrui and Joe Jenkins, Kahlil Gibran, Man and Poet. A New Biography, Oneworld Oxford 1998.

Die Deutsche Bibliothek – CIP-Einheitsaufnahme
Ein Titeldatensatz für diese Publikation ist bei
Der Deutschen Bibliothek erhältlich.

1   2   3   4   5   06   05   04   03   02

© Kreuz Verlag GmbH & Co. KG Stuttgart, Zürich
Ein Unternehmen der Verlagsgruppe Dornier
Postfach 80 06 69, 70506 Stuttgart, Tel. 0711-78 80 30
Sie erreichen uns rund um die Uhr unter www.kreuzverlag.de
Umschlaggestaltung, Layout: Sibylle in der Schmitten, Meerbusch
Umschlagmotiv: August Macke,
Helles Haus (um 1910/14) Ausschnitt
Satz: de·te·pe, Aalen
Druck und Bindung: GGP Media, Pößneck
Die Schreibweise entspricht den Regeln
der neuen Rechtschreibung.
ISBN 3 7831 2105 1